Gudrun Hettinger

SALZTEIG

Bilder und Figuren

Frech-Verlag Stuttgart

Eine kleine Vorgeschichte

Früher symbolisierten Salz- und Brotteigfiguren Dankbarkeit für das tägliche Brot. Heute dekorieren wir damit unser Heim.

Schon früh hatte sich in verschiedenen Kulturen diese Volkskunst entwickelt. So wurden in Mexiko Teigfiguren für die Toten als Grabbeigaben gebacken. Dort entstanden aus Teig auch die farbenprächtig bemalten Lebensbäume. Die Indios modellierten damit geschickt Fruchtbarkeitssymbole, die als Glücksbringer verschenkt wurden. Auf Kreta werden noch heute große Hochzeitskränze gebacken, die man mit vielen Blümchen und Blättern verziert.
Im alten Griechenland war Brot heilig, und zur Verehrung der Göttin Demeter wurden

Brotfiguren gebacken. Nachdem die Römer von den Griechen diese Brotteigkunst übernommen hatten, verehrten sie mit solchen Figuren ihre Göttin Ceres.
In Llanes (Nordspanien) opfert man bei religiösen Festen auch heute noch der Mutter Gottes Kränze aus Brotteig, die auf einer großen Pyramide befestigt, in einer feierlichen Prozession durch die Stadt zur Kirche getragen werden.
In Osteuropa, vor allem in der Tschechoslowakei und in Polen, sind Teigbilder ebenfalls sehr beliebt.

Zur Weihnachtszeit wird in den Nürnberger Bäckereien bunt bemaltes Modelgebäck als Baumschmuck angeboten. In Freiburg gibt es das „Freiburger Boppele" aus Brotteig das ganze Jahr über.
Die alte Volkskunst, aus Salzteig Bildhaftes zu gestalten, ist heute eine moderne Freizeitbeschäftigung, auch für Kinder. Es macht Spaß zu sehen, wie aus diesem Salzteig die originellsten Figuren entstehen. Dabei sind keine großen Vorbereitungen notwendig; das Material dazu ist ja in jedem Haushalt vorhanden.
Der Umgang mit Salzteig ist recht einfach, und die Möglichkeiten, daraus etwas zu modellieren, sind so vielseitig, daß man seiner Phantasie freien Lauf lassen kann.
Gönnen Sie Ihren Kindern, Ihren Bekannten und Freunden und sich selbst öfter den Spaß, Dekoratives aus Salzteig zu formen.

Das Salzteig-Rezept

Zutaten:
2 Tassen Salz (einfaches feines Kochsalz)
2 Tassen Mehl (billiges Mehl, Type 405)
1 Tasse Wasser
½ - 1 Eßlöffel Tapetenkleister
(je nach Größe der Tasse)

Am besten mißt man die Zutaten mit Tassen ab. Genaues Abwiegen ist nicht erforderlich, da nachher sowieso je nach Festigkeit des Teigs mit Mehl oder Wasser ausgeglichen werden muß. Die Größe der Tasse spielt keine Rolle, da das Verhältnis beim Gebrauch derselben Tasse ja immer stimmt. Der Tapetenkleister trägt zur Haltbarkeit bei und verbindet die teilweise einzeln modellierten Teile. Es muß also nichts angeklebt werden. Der hohe Salzanteil macht die Bilder hart, vergleichbar mit Arbeiten aus Keramik. Außerdem ist bei den fertigen Bildern der leichte Kristalleffekt sehr reizvoll.

Und so wird der Teig hergestellt:
Mischen Sie in einer Schüssel zuerst die trockenen Materialien, also Salz, Mehl und Tapetenkleister in Pulverform. Erst dann kommt Wasser hinzu (sonst würde der Tapetenkleister klumpen!). Danach wird der Teig auf dem Tisch gut durchgeknetet. Bleibt er an den Händen kleben, wird etwas Mehl hinzugefügt. Fühlt er sich dagegen trocken an oder bröckelt gar, wird mit Wasser ergänzt. Vorsichtig – lieber öfters kleine Mengen zugeben! Ein Durchkneten mit feuchten Händen genügt oftmals auch.
Der Teig soll griffig und geschmeidig sein wie Mürbeteig. Wichtig ist, daß keine Mehlklumpen darin sind. Für Figuren und Kränze läßt sich der Teig besser verarbeiten, wenn er trockener ist.

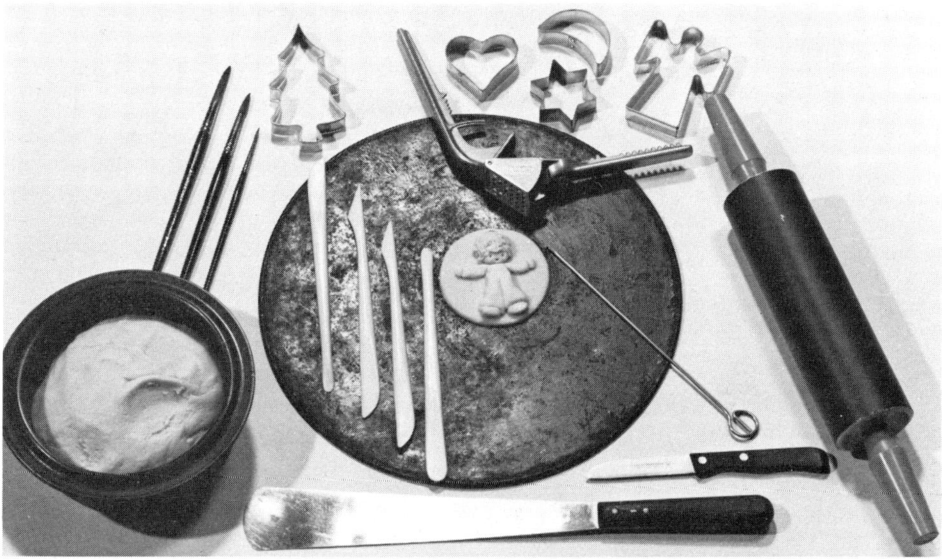

Werkzeug

So einfach wie der Teig ist auch das Werkzeug. Sie benötigen folgende Gegenstände:

1. Schüssel für den Teig
2. Wellholz
3. Küchenmesser oder Modellierstäbchen
4. Verschiedene Formen zum Ausstechen (Weihnachtsausstechform, Herzen usw., Kreise kann man auch mit scharfkantigen Gläsern oder Schüsseln ausstechen)
5. Hilfsmittel zum Verzieren: Schaschlikspieß, Nagel, Schere, Zahnstocher, Trinkhalm, Nadeln, Knoblauchpresse usw.
6. Backblech
7. Palettmesser (zum Anheben von Teig und Figuren)
8. Material zum Bemalen: Pinsel, Wasser- oder Bastelfarbe auf Acrylbasis, evtl. matten Klarlack, Filzstifte
9. Bänder zum Aufhängen

Modellieren und Formen

Salzteig ist vielseitig verwendbar. Man fertigt daraus Bilder als Wandschmuck in allen Größen, Anhänger, stehende Figuren, Kränze, Kerzenständer usw.
Beginnen wir mit zwei kleinen einfachen Figuren, einem Jungen und einem Mädchen auf einer Grundplatte aus Teig:
Den Teig wellen wir etwa 5 mm dick aus und stechen, z.B. mit einer Glasschale, die Grundplatte aus, Durchmesser 9 cm. Diese Platte legen wir auf ein leicht eingefettetes Backblech, damit sie ihre Form behält. Jetzt beginnen wir mit dem Modellieren.

Kleiner Junge:
1. Zuerst formen wir eine Kugel (∅ 1 cm) für den Kopf, legen sie auf die Grundplatte und drücken sie etwas platt.
2. Danach formen wir eine Rolle mit ca. 1½ cm ∅, auf der einen Seite etwas weni-

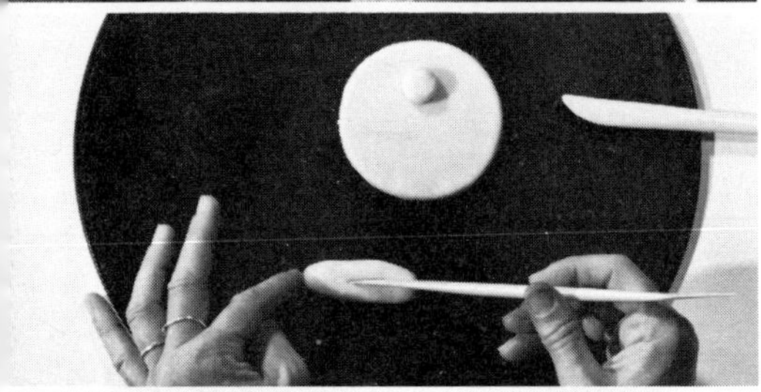

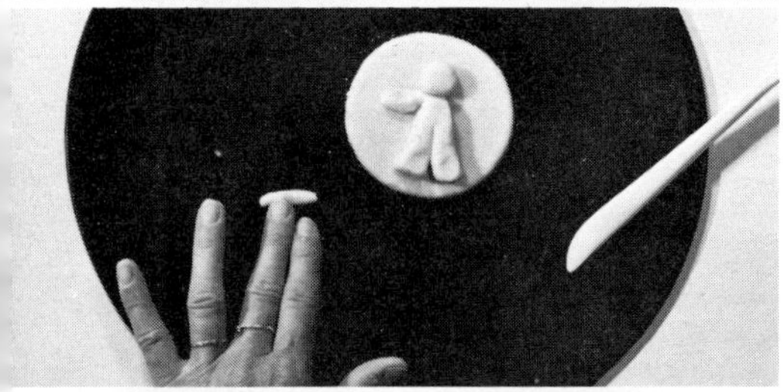

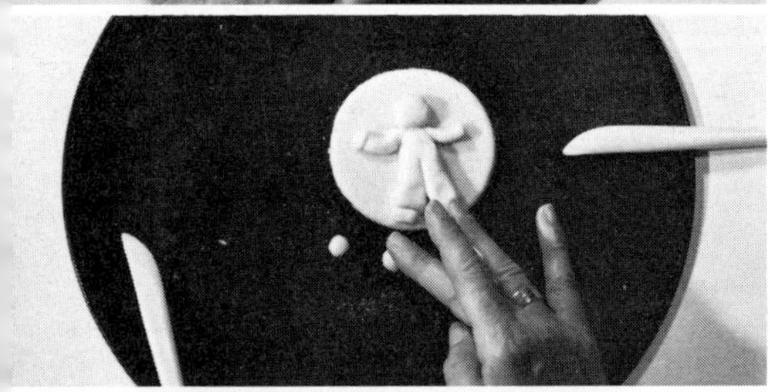

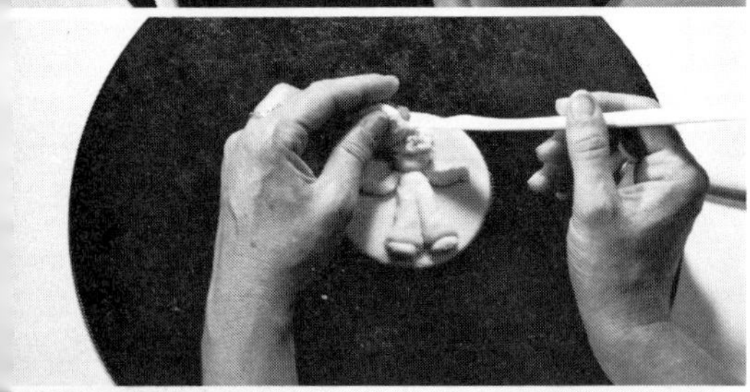

ger. Nun wird diese Rolle etwas flach gedrückt und in der Mitte an der breiteren Seite zur Hälfte eingeschnitten. Somit haben wir schon den Körper. Diesen legen wir ebenfalls auf die Grundplatte und bringen die Beine in die richtige Stellung. Alles wird wieder ganz leicht angedrückt.

3. Für die Arme machen wir dünnere Rollen. Diese werden ebenfalls an den Körper gelegt und festgedrückt.
4. Aus kleinen Kugeln entstehen Hände und Füße.
5. Nun werden die Haare gefertigt. Dazu drücken wir mit dem Modellierstab sehr kleine Teigstücke fest.
6. Zuletzt wird das Gesicht modelliert. Augen und Mund lassen sich am besten mit einem Schaschlikspieß oder einem runden Stahl bzw. Holz eindrücken.

Damit Sie Ihre Bilder nachher auch aufhängen können, stechen Sie ein Loch am oberen Rand ein (Schaschlikspieß). Sie können jedoch das Loch auch weglassen und zum Schluß einen Bilderaufhänger ankleben, den es zu überall zu kaufen gibt.

Kleines Mädchen:

Für das Mädchen gilt das gleiche wie für die Jungenfigur. Es muß hier nur beachtet werden, daß der Körper aus einer dünneren Rolle geformt wird, da jetzt anstelle der Hose Beine entstehen sollen. Zusätzlich wird noch ein Rock bzw. Kleidchen modelliert. Dazu formen wir aus dem Teig ein Dreieck, das wir auf den Körper drücken. Oder wir formen einen Halbkreis und legen diesen etwas faltig als Rock auf die Figur. Falten werden mit einem Modellierstäbchen angehoben. Ratsam ist es, auch bei einem langen Kleid den Körper so zu modellieren, da der Rock eine bessere Form erhält.

Für die *Haare* des Mädchens gibt es verschiedene Möglichkeiten: Für Zöpfchen werden zuerst auf den Kopf zwei Teigstücke gelegt und mit dem Modellierstäbchen angedrückt. Dann setzt man zwei kleine Teigwürstchen an, die mit dem Finger etwas plattgedrückt werden. Auch hier leichte Rillen eindrücken. Man kann jetzt noch Schleifchen modellieren und auflegen. – Bei einem Dutt wird ein Kügelchen in der Mitte des Kopfes angesetzt und plattgedrückt. Nun werden mit einem Zahnstocher kleine Löcher eingestochen. – Bei langen Haaren legt man zwei größere Teigstücke an den Kopf. Mit dem Modellierstäbchen bahnen wir feine Rillen in die Teigstücke. Dann werden die Teigenden in die richtige Form gebracht.

Wer eine Knoblauchpresse hat, kann damit lange schmale Würstchen herstellen, die man auch für lange Haare bzw. Schillerlocken verwenden kann. Sonst kann man aus Teig auch ganz feine Würstchen rollen.

Die *Kleidung* kann vielfältig ergänzt werden und zwar mit Schürzchen, Volants, Rüschchen, weiten Ärmeln, kurzen Ärmeln oder Puffärmelchen. Hierzu werden kleine Kugeln auf den Oberarm gelegt, in die man mit dem Modellierstäbchen kleine Falten eindrückt.

Legt man auf den ausgewellten Teig einen Spitzenstoff und rollt diesen mit dem Wellholz fest, ergibt sich ein schönes Spitzenmuster für ein Kleidchen.

Hüte: Dafür wird eine halbrunde Platte aus dem Teig gestochen und auf dem Kopf wellig zurechtgelegt. Hat der Hut seine richtige Form, wird eine kleine Kugel draufgedrückt. Der Hut sieht flotter aus, wenn der Rand an einer Seite etwas hochgebogen wird.

Modellieren von Bäumen

Tannenbaum

1. Formen Sie ein Dreieck, das Sie entweder direkt auf das Blech oder auf eine Grundplatte leicht andrücken.
2. Dann schneiden Sie rechts und links schräg, bis fast zur Mitte, versetzt die Zweige ein.
3. Mit einem Modellierstäbchen werden jetzt vorsichtig die Enden etwas nach außen hochgezogen, so daß ein kleiner Abstand zwischen den Zweigen entsteht.
4. Aus dem unteren Ende wird nun der Stamm geformt oder angesetzt.
5. Die Zweige werden mit dem Modellierstäbchen rillenartig leicht eingedrückt.

Baum mit Früchten

1. Für den Stamm formen Sie eine Teigwurst, die Sie auf der Grundplatte oder direkt auf dem Blech festdrücken. Für das untere Ende formen Sie den Wurzelansatz gleich mit.
2. Jetzt formen Sie kleine Teigwürstchen für die Äste. Diese werden einzeln aneinandergefügt und festgedrückt. Die Nahtstellen streichen Sie mit Wasser glatt, so daß der Ansatz der Äste nicht mehr sichtbar ist.
3. Danach formen Sie aus diesem Teig kleine Kügelchen für die Blätter. Diese Kügelchen werden mit dem Modellierstäbchen festgedrückt und zwar so, daß man das Blattgerippe andeutet. Jetzt werden Äpfel, Birnen, Kirschen usw. mit Daumen und Zeigefinger geformt und am Baum angedrückt.

Andere Modellierart für einen Baum:

1. Baumstamm formen wie beschrieben.
2. Dann wird mit einem großen Blätterkranz von außen nach innen begonnen. Die Blätter werden ebenfalls wieder so festgedrückt, daß man das Blattgerippe mit dem Modellierstab andeutet.

Kränze und Zöpfe

Für den Kranz flechten bzw. winden Sie aus zwei oder drei Teilen einen Zopf, der zum Kreis gelegt wird oder aber Sie behalten die Form eines Zopfes bei. Diesen können Sie nach eigenen Vorstellungen mit Blumen, Blättern, Äpfeln, Birnen, Kirschen, Trauben usw. verzieren. Hier müssen Sie beachten, daß die unteren bzw. äußeren Schichten zuerst gelegt werden. Dann wird weiter aufgebaut. Ordnen Sie Blumen und Blätter so an, als wenn Sie ein Gebinde stecken oder einen Strauß zusammenstellen würden.

So entstehen Rosen

1. Zuerst formen Sie eine kleine Kugel, die mit den Fingern zu einer runden Form plattgedrückt wird.
2. Dieses runde Plättchen wird zur Hälfte eingeschnitten.
3. Nun wird es vom äußeren Ende tütenförmig aufgerollt.
4. Die Blätter werden aus kleinen Kügelchen geformt wie bereits beim Baum beschrieben.

Sonstige Blumen und Blüten können mit kleinen Ausstecherformen (kleine Sterne, Kleeblättchen usw.) hergestellt werden, die noch etwas geformt oder eingedrückt werden. Für Margeriten, Vergißmeinnicht oder Sonnenblumen formt man kleine Kugeln, die in Blütenform angeordnet werden. Die Kugeln werden mit dem Modellierstäbchen oder Messerrücken leicht festgedrückt. – Drückt man Teig durch ein Sieb und formt daraus vorsichtig eine Kugel, erhält man eine hübsche Kleeblüte oder sonst irgendeine Phantasieblume.
Gras drücken wir mit dem Modellierstäbchen auf der Grundplatte rillenartig in Form.

Rosenkranz Ø 17 cm
Großer bunter Kranz Ø 19 cm
Sonstige Kränze Ø 13 cm
Zöpfe 20 cm lang

Ringe mit vielerlei Verwendungsmöglichkeiten

Eine schöne Ringform erreicht man entweder durch Ausstechen mit zwei Formen in verschiedener Größe oder man macht sich aus einem festen Karton eine Vorlage, die, auf den Teig gelegt, mit einem scharfen Messer ausgeschnitten wird.

Wenn Sie zwei Ausstechformen (Gebäckausstecher oder verschiedene Gefäße wie Tassen, Schüsseln usw.) verwenden, stechen Sie zuerst mit der großen Form aus und legen diese Platte auf das Blech. Erst jetzt wird mit der kleineren Form die Mitte ausgestochen. Je nach gewünschter Breite des Ringes nimmt man hierfür eine kleinere oder eine größere Form. Es ist auf alle Fälle ratsam, das Mittelteil erst auf dem Blech auszustechen, da sich sonst beim Abheben der Form von der Arbeitsplatte der Ring etwas verziehen könnte.

Den so gewonnenen Ring verzieren Sie mit Blumen oder Figuren (s. Jahreszeitenring) oder kleinen ausgestochenen Formen (Häschen-, Herzen- oder Sternenring).

Jahreszeitenring 20 cm
Hasenring 11 cm
Herzenring 9 cm
Sternen- und Blütenring 7 cm
Blätterring 4,5 cm

Stehende und sitzende Figuren (Setzkastenfiguren)

Der Teig muß fester sein, damit er die nötige Standfestigkeit hat. Da durch das Eigengewicht des Teiges die größeren Figuren zusammensacken würden, müssen sie stufenweise modelliert werden.

1. Sie machen zuerst die Grundform des Körpers, z.B. einen Kegel, oder einen sitzenden oder knienden Körper mit Füßen, jedoch ohne Kopf, da ein Salzteigkopf sehr schwer ist. Diese Form wird nun im Ofen bei ca. 150° C vorgebacken, damit sie als fester Kern verwendet werden kann.
2. Wenn nun die Form etwas abgekühlt ist, werden Arme und Kopf angebracht. Augen und Mund jetzt schon einstechen, dann wieder in den Ofen bis auch diese Teile angehärtet sind.
3. Jetzt können wir unbesorgt die Haare anbringen. Die Backzeit beträgt nun je nach Größe der Figur 1-2 Stunden.

Flache Figuren oder Tiere können in einem bzw. zwei Backgängen gefertigt werden.

Eule und Katze 9 cm

Setzkastenfiguren bis 5 cm

Krippenfiguren bis 5 cm
sonstige Figuren bis 8 cm

Es ist nicht ratsam, wesentlich größere Figuren herzustellen, da sie schwer durchbacken und schwieriger in der Herstellung sind.

Anhänger

Aus verschiedenen Ausstechformen lassen sich hübsche Anhänger anfertigen. Man kann sie durch Verzieren ergänzen oder man setzt noch Teile an. An einfache ausgestochene Vögel werden Flügel und Schwanz angesetzt und kleine Verzierungen angebracht. Bei einer Engelform werden Haare ergänzt. Ein Herz wird mit Blumen, Blättchen oder Vögeln geschmückt. Besitzen Sie eine Form in zwei Größen, so kann man das Mittelteil ausstechen. Andererseits kann man wie bei einem Terrassengebäck auch die ausgestochenen Teile aufeinandersetzen und mit verschiedenen Mustern bemalen. Es können natürlich auch selbst Formen aus Pappe entworfen werden. Diese legt man auf den Teig und schneidet sie mit einem scharfen Messer aus.

Verzierungen mit Gewürzen

Unzählige reizvolle Verzierungen erreicht man auch mit Gewürzen wie z. B. Sternenanis, Nelken, Mais, Erbsen, Sonnenblumenkernen, Piment, Kaffeebohnen, Mohnkugeln, Mandeln, kleinen roten oder weißen Bohnen usw. Es sollte jedoch beachtet werden, daß der Teig, wenn die Form ausgestochen ist, unbedingt etwas angefeuchtet werden muß. Die Gewürze müssen fest eingedrückt werden, damit sie sich nach dem Backen nicht lösen. Die so verzierte Form kommt in den Backofen und wird bei schwacher Hitze gebacken (ca. 120°-150°). Bei zu hoher Hitze verlieren manche Gewürze an Farbe.

Sollten sich nach dem Backen doch Gewürze lösen, werden sie wieder festgeklebt.

Holzmodel (Springerlesmodel)

Sehr einfach herzustellen sind auch Modelabdrücke aus Salzteig. Hierzu wird der Teig ca. 1 cm dick ausgewellt und gut mit Mehl bestäubt. Wichtig ist, daß ebenfalls der Model mit etwas Mehl ausgepinselt wird. Jetzt wird der Model kräftig in den Teig gedrückt. Den Rand mit einem scharfen Messer abschneiden und dann vorsichtig die Form abheben. Sollte trotzdem Teig in dem Model hängenbleiben, nie mit einem Messer auskratzen, sonst würde der Model verletzt. Am besten mit einer trockenen Bürste kräftig ausreiben. Wenn der Model feucht wird, bleibt er trotz Bemehlen am Teig hängen. Er muß also vollständig ausgetrocknet sein, bevor er wieder verwendet werden kann.

Man kann auch selbst einen Model herstellen (Model kopieren), indem der bereits gebackene Abdruck lackiert (Schutz vor Feuchtigkeit) und wieder im Teig abgedrückt wird. Der so gewonnene Model kommt dann in den Backofen.

Eine andere Möglichkeit der Verwendung von Modeln: Man schneidet nach dem Abdruck das Motiv direkt heraus, also ohne Umrandung.

Nach dem Backen der Modelabdrücke gibt es verschiedene Möglichkeiten der Weiterverarbeitung. Sie können natur belassen, lackiert oder bemalt werden. Schön wirken sie mit Holzbeize bestreichen.

Wenn Ihnen das Bemalen nicht liegt und Sie möchten es etwas farbenfroher, können die Formen auch mit einer Wachsschicht überzogen werden. Man kann hierzu Kerzenreste oder auch Gießwachs (in Bastelgeschäften erhältlich) verwenden. Das Wachs wird in einer Blechdose im Wasserbad flüssig gemacht. Das Gebäck wird an einem Faden befestigt und in das flüssige Wachs eingetaucht. Danach abkühlen lassen.

Ringe ca. 10 cm Ø
Herzen 13/14 cm

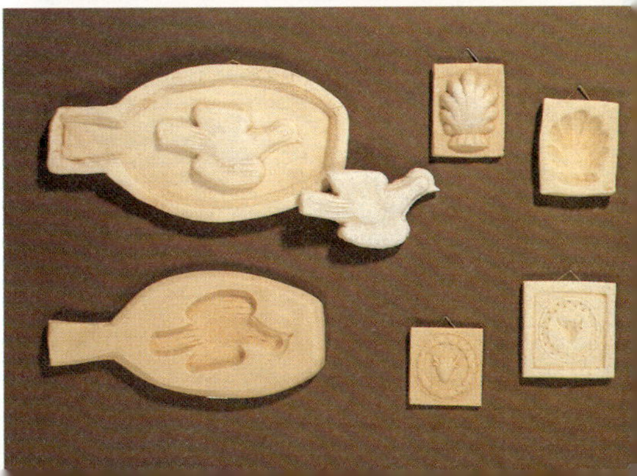

Richtiges Backen bzw. Trocknen

Sind die Bilder soweit entstanden, ist es wichtig, daß sie auch richtig gebacken werden, sonst war Ihre Mühe umsonst.
Das Blech mit Bildern oder Figuren kann sofort in den Ofen geschoben werden. In der ersten Hälfte der Backzeit werden die Bilder im Ofen getrocknet und zwar bei ca. 100 bis 120°. Wenn die Oberfläche abgetrocknet ist und sich schon etwas fest anfühlt, können Sie den Backofen auf 150-180° stellen und zwar nochmals die gleiche Zeit. Die Backzeit richtet sich nach der Stärke der Figur. Kleine Anhänger benötigen ca. 30-40 Minuten, Bilder ca. 60-90 Minuten und stehende Figuren und Kränze ca. 1½ bis 3 Stunden. Während der Backzeit kann der Ofen ohne weiteres zur Kontrolle geöffnet werden. In den ersten 10 Minuten sollte nachgesehen werden, ob keine Backblasen entstanden sind. Danach lassen sich diese noch ohne weiteres entfernen, da die Oberfläche noch nicht ganz fest und das Innere noch weich ist. Man drückt diese Blasen einfach mit den Fingern leicht weg, damit die Luft entweichen kann.
Durch längeres Backen erreicht man mehr Bräunung. Das ist besonders interessant, wenn die Bilder, Figuren oder Kränze nachher nicht bemalt werden. Da die Motive unterschiedlich stark modelliert sind, gibt es verschiedene Dunkel- und Helligkeitswerte, die oft allein durch die unterschiedliche Bräunung ein sehr schönes stimmungsvolles Bild ergeben können.

Anleitung zum Bemalen

Ist das Backen gut gelungen, können Sie nach dem Auskühlen bemalen.
Zum Bemalen benötigen Sie Hobbyfarben auf Acrylbasis. Wasserfarben sind ein wenig blasser, weil sie etwas vom Material aufgenommen werden. Dagegen können Sie mit Hobbyfarben besser Muster malen, da diese Farben nicht ineinanderfließen: die Farbe „steht“ mehr auf dem Material. Sie gibt dem Material auch durch ihre Zusammensetzung einen gewissen Schutz. Ein Lackieren der Bilder ist hier überflüssig. Beim Anmalen mit Wasserfarben dagegen ist ein Schutz mit Mattlack ratsam.
Für Gesicht und Hände mischen Sie die Hautfarbe aus Weiß, Orange und etwas Gelb und tragen die Farbe etwas wässrig auf, damit sie ganz zart wirkt. Solange die Farbe noch feucht ist, werden für die Wangen kleine rote Punkte draufgemalt, die dann mit der Gesichtsfarbe etwas ineinanderfließen. Augen und Mund werden mit einem feinen Pinsel ausgemalt.
Für die Kleidung erst Grundfarben auftragen, dann die verschiedenen Muster, Taschen, Blümchen, Herzchen, Flicken, Mieder, Schleifchen, Krawatten, Knöpfe, Streifen und Punkte draufmalen. Sollten Sie mit dem Pinsel bei kleineren Mustern Schwierigkeiten haben, können Sie es auch mit Filzstiften versuchen.
Wünschen Sie die Farben besonders leuchtend, grundieren Sie erst mit Weiß und tragen danach die gewünschte Farbe auf.

Originelle Türschilder

Für diese Türschilder stechen Sie die Grundplatte in der gewünschten Form aus.

Kinderzimmer (Claudia)

Wie das Mädchen modelliert wird, wurde bereits beschrieben. Dann drücken Sie ihm noch ein Püppchen in die Arme. Der Hund wird aus einem Stückchen Teig geformt, danach die Ohren angesetzt.

Kinderzimmer (Oliver)

Für den Clown drücken Sie ein großes Dreieck auf die Grundplatte. Die Spitze des Dreiecks runden Sie etwas ab und setzen das Kügelchen für den Kopf darauf. Auf die Nase wird ein kleineres Kügelchen gesetzt. Die Arme werden angedrückt und die Enden hinter dem Rücken versteckt. Formen Sie jetzt schöne große Schuhe. Das Hemd vom Clown wird noch in die richtige Form gedrückt, und fertig ist der lustige Geselle.

Gästezimmerschild

Für die Umrandung winden Sie aus zwei Teigrollen einen Kranz, den Sie auf der Teigplatte am Rand anlegen. Zur Ausschmückung bringen Sie oben und unten noch Rosen bzw. Margeriten an. Am inneren Kranzrand sind kleine Kügelchen angelegt, die leicht mit einem Trinkhalm eingedrückt werden.

Wohnungs- oder Hausschild mit Namen

Für das Häuschen formen Sie zuerst ca. 9 Würste, ∅ 8-10 mm. Diese werden aneinandergereiht und direkt auf das Backblech gelegt und plattgedrückt. Das sind die Bretter für das Haus. Die oberen Enden schneiden Sie schräg mit einem Messer ab und bringen den Giebel an. Auch hier werden zwei Teigwürste zur Spitze gegeneinander angelegt und plattgedrückt. Für den Namen wird ein rechteckiges Schild am Giebel angebracht. Nun werden die Figuren bis zum Oberkörper modelliert. Den Balkon formen Sie wieder mit Würstchen, die plattgedrückt werden. Anschließend werden Muster eingeschnitten bzw. eingedrückt. Zum Schluß kommen die Blumen. Der untere Rand des Häuschens wird gerade geschnitten.

Maße: ca. 15 x 12 cm

Auf dem Foto sehen Sie noch weitere Vorschläge für Sauna, WC, Bad, Küche, Kehrwoche und Schlafzimmer.

Maße: runde Grundplatte 11 cm
rechteckige Grundplatte 8 x 11 cm (Schlafzimmer)

Das Küchenschild hat eine Umrandung bekommen. Hierfür wurde eine Teigwurst mit einem Durchmesser von ca. 6 - 8 mm um den Rand der Grundplatte gelegt. Anfang und Ende werden glatt verstrichen.

Einen weiteren Vorschlag für Formen von Türschildern sehen Sie auf dem nächsten Bild. Man kann sich hier wieder aus Pappe eine Schablone anfertigen oder z. B. Kaffeedosen oder andere ausgefallene Formen verwenden. Ordnen Sie wieder Blumen und Figuren an.

Maße: ca. 19 x 13 cm

Achten Sie grundsätzlich bei allen Bildern darauf, daß Sie genügend Platz für die Schrift zur Verfügung haben. Für die Beschriftung nehmen Sie Filzstifte und zwar feine bis mittlere Stärke, je nach Größe der zu beschriftenden Fläche.

Anbringen der Türschilder: Wenn Sie die Schilder nicht fest auf die Türe kleben möchten (doppelseitiges Klebeband), hängen Sie diese mit einem feinen Dekostift oder Nagel über oder neben der Türe auf.

Weihnachtliche Motive

Engel- und Nikolausanhänger

Auf eine runde Grundplatte, ∅ 9 cm, modellieren Sie eine Figur wie bereits beschrieben. Ordnen Sie den Rock faltig auf dem Figürchen an. Geben Sie dem Engel Flügelchen, die aus kleinen Teigkügelchen modelliert werden. Dann können Sie die Bilder mit einer Laterne, Kerze, Flöte, Gitarre, Notenblättchen usw. ergänzen.
Das Herzmotiv ist sehr einfach herzustellen. Legen Sie auf das Herz ein Köpfchen sowie die Ärmchen und Flügelchen. Die Hände werden vor dem Gesicht etwas zusammengedrückt.
Einfach sind auch die unbemalten Engel. Die Grundform ist eine Ausstecherform. Die Haare wurden mit Hilfe einer Knoblauchpresse geformt (oder Teigwürstchen rollen). Mit Trinkhalmen, Schaschlikspießen und Modellierstäbchen wurden Verzierungen eingedrückt.
Wie man einen Tannenbaum macht, wurde bereits am Anfang des Buches beschrieben. Dieser unbemalte Tannenbaum wurde direkt auf das Blech modelliert und mit kleinen Ausstechformen verziert.
Länge: 20 cm

Kleine Weihnachtsanhänger

Mit Weihnachtsausstecherformen wurden die Grundplatten hergestellt und kleine Engelchen modelliert. Der Stern wurde mit einer größeren und kleineren Sternform ausgestochen.

Engel und Krippenfiguren wurden bereits im Kapitel „Stehende und sitzende Figuren“ beschrieben.
Für den Sternenkranz werden große und kleine ausgestochene Sterne im Wechsel so aneinandergereiht, daß sie einen Kreis bilden. Die Sternenspitzen werden übereinander festgedrückt. Auf die kleinen Sterne werden Vertiefungen mit einem Trinkhalm eingedrückt, die großen Sterne mit Engelchen verziert. Es sieht sehr hübsch aus, wenn man beim Aufhängen in der Mitte des Kranzes ein einzelnes Engelchen anordnet.
Größe: ∅ 25 cm

Ein schöner Wandschmuck in der Weihnachtszeit ist auch das Nikolaus- und das Krippenbild. Bei dem Krippenbild wurden am Rand mit Hilfe eines kleinen Gebäckausstechers eine Sternenkontur von 2 - 3 mm Tiefe eingedrückt.
Krippenbild ∅ 22 cm
Nikolaus ∅ 15 cm

Adventskranz

Formen Sie zwei dicke Teigwürste, ∅ 4 - 5 cm. Diese werden umeinandergeschlungen und in Kranzform auf das Blech gelegt. Das Kranzende wird unter den Kranzanfang geschoben. Dann teilen Sie die Kerzen auf und drücken mit einer Kerze die Vertiefungen ein. Damit die Kerzen einen guten Halt haben, drücken Sie jeweils den Schraubdeckel einer Sprudelflasche so ein, daß der offene Teil als Kerzenständer dient. Um die Vertiefung legen Sie zwei schmale Teigwürstchen und verzieren sie mit Kügelchen und Trinkhalm. Zwischen den Kerzen drücken Sie Äpfelchen und Blättchen fest.
Größe des Kranzes: ∅ 25 cm
Backzeit ca. 3 Std., 150°

Österliche Basteleien

Eierbecher

Stechen Sie eine runde Grundplatte aus, 4 - 5 cm ∅, ca. 1 cm dick, und legen diese aufs Blech. Jetzt bringen Sie einen Teigring an, in den Sie ein gekochtes Ei setzen. Der Rand wird an das Ei angepaßt und dann mit Blumen, Gräsern oder ausgestochenen Häschen, Blättern, Kügelchen usw. verziert. Wenn man noch Kopf, Schwanz und Flügel ansetzt, entsteht eine Henne. Zum Backen wird das Ei entfernt. Sie können jedoch die Grundplatte noch etwas ansetzen und ein ausgestochenes oder selbst modelliertes Häschen befestigen. Mit Gras und Blümchen wird alles verziert.

Legt man um die Grundplatte einen geschlungenen Zopf, so hat man entweder auch einen hübschen Eierbecher oder für die Tischdekoration ein kleines Osternest. Ebenfalls nette Anhänger und Tischdekorationen sind ausgestochene Häschen, die mit „frohe Ostern“ versehen werden. Weitere österliche Anhänger finden Sie auch unter dem Thema „Anhänger“.

Das sitzende Häschen wurde in zwei Stufen gebacken. Zuerst Körper, dann Kopf und Ohren (s. Kapitel „Stehende und sitzende Figuren“).

Modellierte Ostereier

Die ausgeblasenen Eier werden auf einem Eierbecher modelliert und dann gebacken. Ist die erste Hälfte so fest, daß sich das Motiv nicht mehr verformt, wird der Rest modelliert. Es ist wichtig, daß die Motive miteinander verbunden werden. Einzelne Motive

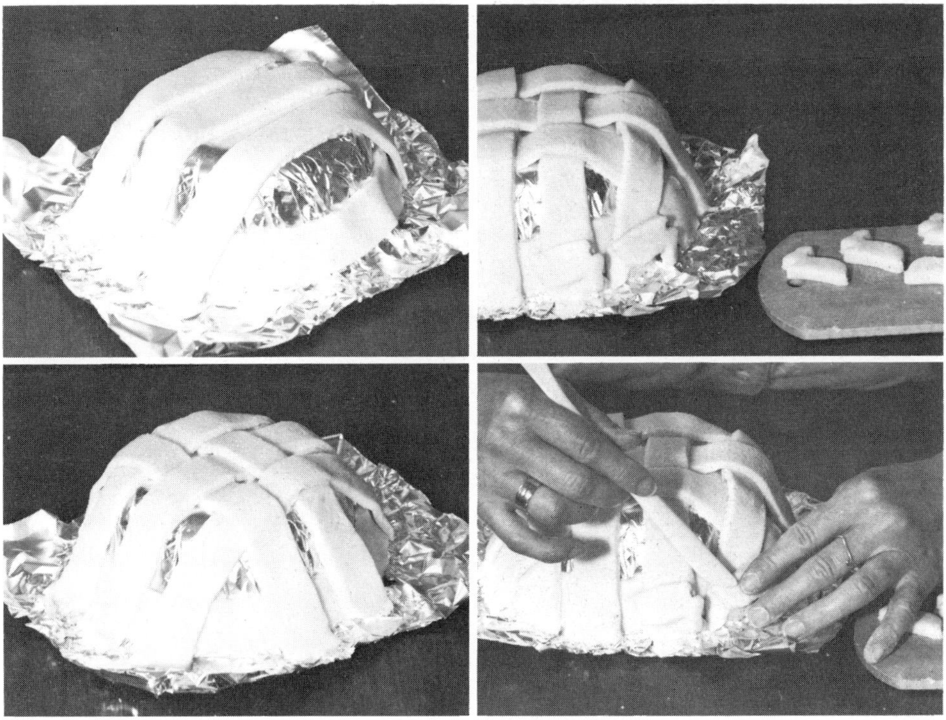

würden nicht halten (man könnte sie aber auch aufkleben). Das Ei muß zum Modellieren leicht angefeuchtet werden, damit die Motive mehr Halt haben. Zum Schluß kleben Sie noch ein farblich abgestimmtes Band fest in die obere Öffnung des Eies.

Osterkörbchen

Ein sehr reizvolles, außergewöhnliches Osterkörbchen können Sie mit wenig Mühe aus Salzteig herstellen.

1. Decken Sie eine Schüssel mit Alufolie ab und stellen Sie diese umgekehrt auf das Backblech. Aus dem ausgewellten Teig schneiden Sie gleichmäßige Streifen, ca. 2 - 3 cm breit. Zuerst legen Sie einen Streifen um den Rand, dann 3 Streifen darüber.
2. Nun werden 3 weitere Streifen durchgezogen. Je nach Größe ziehen Sie noch 1 oder 2 Streifen seitlich durch, damit das Körbchen dicht wird.
3. Zum Schluß drücken Sie auf jedes Streifenende ein ausgestochenes Häschen (evtl. mit Schablone ausschneiden) oder Sie bringen Blümchen und sonstige Verzierungen an.

Maße: 18 cm ∅
Backzeit: ca. 2 - 3 Stunden

Nach ca. 1 Stunde entfernen Sie die Schüssel mit Alufolie (Alufolie muß sich leicht lösen, sonst noch etwas weiterbacken) und stellen das Körbchen nun richtig auf das Blech, daß es ganz durchgebacken werden kann.

Für jeden Anlaß das richtige Bild

Es gibt viele Möglichkeiten, bei bestimmten Anlässen jemandem Freude zu bereiten. Diese Bildchen sind immer ein willkommenes Geschenk.

Jubiläumszahlen
Sie legen eine Teigwurst, ∅ von ca. 2 cm, um eine Schüssel, die ungefähr die gewünschte Größe Ihres Ringes haben soll (Abbildung 20 cm und 25 cm ∅) direkt auf das Backblech. Drücken Sie Blumen und Blätter mit einem Modellierstäbchen fest. Sie können sich auch für einen Blätterkranz entscheiden, wie bei der 50er Jahreszahl. Formen Sie die Zahlen oder schneiden diese mit Hilfe einer Schablone aus dem Teig und setzen sie so in den Ring ein, daß Zahl und Ring teilweise verbunden sind. Sie können die Zahlen noch mit Ornamenten verzieren.

Korbwagen oder Wiege
Auf einer Grundplatte, ∅ 14 cm, modellieren Sie zuerst das Körbchen. Der Schleier entsteht aus einer dünn ausgewellten, halbierten, runden Platte. Er wird in Falten locker auf das Bild gelegt. Hat er die richtige Form, wird er zusammen mit der Schleife festgedrückt. Jetzt kommt noch das Köpfchen und das Deckchen. Für den Rand drücken Sie in gleichmäßigen Abständen Rillen ein. Das sieht besonders nett aus. Vergessen Sie nicht, genügend Platz zu lassen für eine Inschrift.
Den Schwabenjörgel setzten Sie auf den 40er, verzieren den Rand mit Röschen oder sonstigen Blumen.
Größe: ∅ 15 cm

Die Röschen dürfen bei dem Motiv „Ich liebe Dich" nicht fehlen.
Größe: ∅ 15 cm

Die beiden Motive „Alles Gute“ und „Gute Besserung“ sind auf einer Grundplatte mit 11 cm ∅ entstanden.

Für das Hochzeitspärchen fertigen Sie für die Grundplatte eine ovale Schablone an, schneiden den Teig aus und legen die Form aufs Blech. Das Bild bekommt eine Teigwurst als Rahmen. Der Rand wurde mit einem Trinkhalm dekorativ eingestochen. Um ein schönes Spitzenkleid zu erhalten, wurde auf dem ausgewellten Teig ein Spitzendeckchen aufgelegt und mit dem Wellholz das Muster eingedrückt. Der Rock wird aus einer halben, runden Platte gefertigt. Diese legen Sie in Falten auf den Körper. Der Schleier entsteht ebenfalls aus dünn ausgewelltem Teig, der faltig angeordnet wird.

Größe: 30 cm x 19 cm

Dekorative Häuser

Für die Grundform der Häuser fertigen Sie sich am besten eine Schablone an. Diese legen Sie auf den Teig und schneiden die Form aus. Sie kommt gleich aufs Blech, damit sich nichts mehr verschieben kann.

Fachwerkhaus
Ritzen Sie leicht mit einem Modellierstäbchen oder Messer die Einteilung der Balken und Fenster ein. Stimmen diese, so können Sie feine Würstchen anordnen und leicht festdrücken. Hierfür ist sehr viel Fingerspitzengefühl erforderlich. Oft geht es besser mit zwei Modellierstäbchen. Nachdem nun alle Balken und Fenster angebracht sind, wird eine entsprechend geformte Platte für die Türe daraufgelegt. Auch hier wird ein Teigwürstchen als Türbogen angelegt, wie bei den Balken. Als unteren Abschluß formen Sie mit dem Modellierstäbchen rillenartig das Gras.

Andere Haustypen
Beim Niedersachsenhaus, Holsteinischen Bauernhof, Hessenhaus, Friesenhaus gehen wir genauso vor. Für die Strohdächer werden Strukturen mit einem Modellierstäbchen ebenfalls rillenartig eingeritzt.
Je nach Geschmack können Sie die Häuser bemalen, jedoch in natur sehen sie auch sehr wirkungsvoll aus.

Fachwerkhaus 20 x 21 cm
Niedersachsenhaus 28 x 16 cm
Holsteinischer Bauernhof 22 x 20 cm
Hessenhaus 17 x 21 cm
Friesenhaus 30 x 21 cm

(Weitere Abbildungen 1. Umschlagseite)

Backzeit: 1½ - 2 Stunden.

Nostalgische Motive

Diese Motive finden ganz besonders bei jungen Leuten Anklang.
Achten Sie beim Modellieren dieser Figuren auf die Hüte und Kleidchen, die recht schwungvoll angebracht werden sollten.

Große Bilder ca. 15 cm
mittlere Bilder ca. 11 cm
kleine Bilder ca. 9 cm

Ornamente prägen – verschiedene Techniken

Unbemalte Teigbilder sehen mit Verzierungen sehr effektvoll aus. Ornamente lassen sich mit Zahnstochern, Trinkhalmen, Tablettenröhrchen, Modellierstäbchen, Federn, Ösen, Nadeln usw. prägen. Die Teigoberfläche darf nicht angetrocknet sein, da sie sonst beim Verzieren brüchig wird. Auch mit Spitzendeckchen oder Spitzenborten kann man durch Festdrücken mit dem Wellholz hübsche Muster erzielen.

Eule

Formen Sie sich zuerst die Grundform. Nun wird die Eule mit kleinen Teigkügelchen in verschiedenen Größen, die Sie dann plattdrücken, vervollständigt, die Federn am Kopf und an den Flügeln werden mit zwei Modellierstäbchen angespitzt. Genauso werden Schnabel und Ohren geformt.

Größe: ca. 15 cm

Körbchen

Reihen Sie 6 Teigwürstchen, Ø 4 - 6 mm und ca. 13 - 16 cm lang, waagrecht aneinander auf das Blech. Drücken Sie die Würstchen etwas platt. Für den unteren Rand und für den Henkel des Körbchens winden Sie zwei Teigwürstchen, die dann angedrückt werden. Den Korb nach unten etwas anschrägen. An das Körbchen bringen Sie schmale, plattgedrückte Würstchen senkrecht an. Nun werden mit Ausstechformen 2 Vögel und ein Herz ausgestochen und auf dem Körbchen angeordnet. (Evtl. mit etwas Teig unterlegen, damit sie nicht zu sehr nach hinten auf das Blech kippen.) Mit Blumen und Blättern werden nun Henkel und Körbchen geschmückt.

Baum

Die Anleitung für den Baum finden Sie unter „Modellieren und Formen". Durch die vielen Eindrücke der Blattrippen wirkt er auch unbemalt sehr dekorativ.

Größe: ca. 20 cm

Mexikanischer Lebensbaum

Hier ist es zweckmäßig, zuerst das „Grundgerüst" auf dem Blech zu fertigen.

Zuerst wird der Stamm mit einer Teigwurst, Ø 2 - 3 cm, ca. 35 cm lang, gefertigt.

Dann werden die Äste angeordnet, Ø 2 cm, 50, 60 und 70 cm lang.

Die Äste werden in der Mitte auseinandergeschnitten und herzförmig seitlich an den Stamm angelegt (siehe Skizze).

Mit Blumen, Blättern, Vögeln und sonstigen Ornamenten verziert, ist dieser Lebensbaum ein schöner Wandschmuck oder ein originelles Geschenk zu einer Hochzeit.

Wenn Sie Lust haben, bemalen Sie ihn noch.

Backzeit 2 - 3 Stunden bei 150°C.

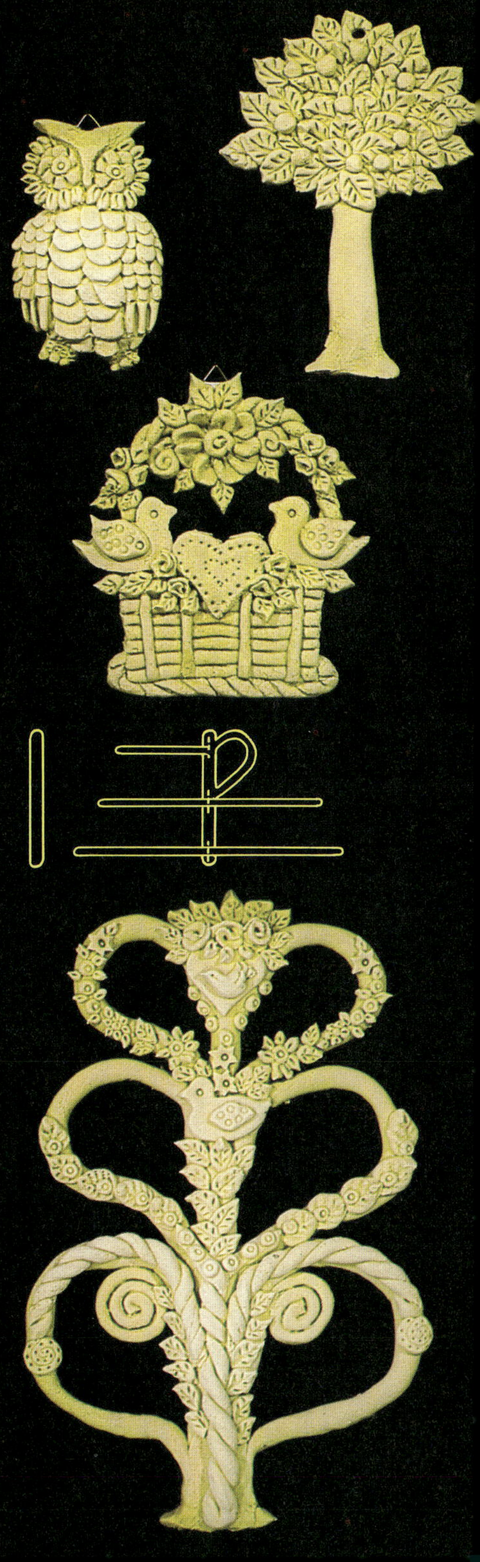

Masken und Porträts

Afrikanische Masken brachten mich auf die Idee, ähnliches aus Salzteig zu fertigen.
Zuerst wird die Grundform des Kopfes grob modelliert, dann kommt die feinere Ausarbeitung. Dazu braucht man Modellierstäbchen. Man kann beliebig ansetzen, muß jedoch darauf achten, daß die Ansatzstellen immer glatt verstrichen sind. Wenn nötig, ganz leicht anfeuchten.
Die abgebildete Maske wurde nach dem Backen mit Holzbeize bearbeitet, die kleinen wurden bemalt.
Die Hexenmaske können Sie Ihren Gästen als Faschingsorden verleihen.
Für die beiden Kinderköpfe formen Sie die Grundform des Kopfes, drücken die Haare an und arbeiten das Gesicht in allen Details aus.
Lassen Sie Ihre Kinder auf diese Art ein „Selbstporträt“ fertigen. Sie werden sehen, mit wieviel Spaß sehr lustige und originelle Kinderköpfchen entstehen.
Große Maske 28 cm lang
Kleine Masken 8-10 cm lang

Salzteig und Trockenblumen

Pärchen mit Blumenstrauß
Mit einer ovalen Form der Schablone machen Sie eine Grundplatte. Eine Teigwurst wird als Rahmen angebracht. Das Mädchen und der Junge halten ein Sträußchen aus Trockenblumen in den Händen. Auch auf der Wiese sind noch kleine Blümchen eingedrückt.
Maße: 19 x 12 cm

Blumenkörbchen
Modellieren Sie das Körbchen direkt auf das Blech. (Die Gestaltung des Körbchens wurde bereits unter „Ornamenteprägen und verschiedene Techniken" beschrieben.) Jetzt ordnen Sie nach Belieben Trockenblumen an. Diese müssen fest im Teig stecken. Und danach im Ofen backen.
Sie können aber auch das Bestecken nach dem Backvorgang vornehmen. Hierzu müssen Sie einen kleinen Würfel „Mosy" mitmodellieren (je nach Größe Ihres Gesteckes). Sie erreichen damit, daß die Farben der Trockenblumen durch das Backen nicht verblassen.
Maße: 8 cm breit, gesamte Länge mit Henkel 13 cm.

Tischdekoration

Es gibt viele Möglichkeiten, Ihren gedeckten Tisch zu verschönern.

Kerzenständer
Stechen Sie je nach Größe des gewünschten Kerzenständers eine runde Grundplatte aus (der abgebildete Kerzenständer hat einen Durchmesser von ca. 4-5 cm und ist 8-10 mm

dick). Ordnen Sie auf dieser Platte Ihre Blüten-, Blumen- oder Blattmotive an. Sie können auch ein kleines Kränzchen um die Platte legen. Die mittlere Vertiefung erhalten Sie durch Eindrücken eines Flaschenkorkens, den Sie mitbacken können. Dadurch bleibt die Form besser erhalten.

Serviettenringe

Schneiden Sie eine Papprolle in Streifen (Alufolie, Toilettenpapier usw.) von ca. 2-3 cm. Nun wellen Sie den Teig 5-7 mm dick aus, schneiden ihn in gleichbreite Streifen und legen diese um die Papprolle. Die Verbindungsstelle kommt dann als Unterseite auf das Blech. Ordnen Sie Blümchen, Blätter und Kügelchen usw. so an, daß Sie nach Fertigstellung noch genügend Platz für die Namen haben. Nach dem Erkalten lösen Sie die Papprolle mit einem scharfen Messer aus dem Innern des Serviettenrings.

Zur vollkommenen Tischdekoration gehört auch eine **Tischglocke.** Dazu benötigen Sie von einem unbrauchbaren Weinglas den Kelch. Wellen Sie den Teig zu einer rechteckigen Platte je nach Größe des Glases ca. 1 cm dick aus. Drücken Sie diese Platte dann um das Glas. Mit feuchten Händen bilden Sie die Form ab. Der untere Rand wird mit einem scharfen Messer abgeschnitten. Der Griff wird aus zwei gewundenen Teigwürstchen hergestellt. Die Glocke verzieren Sie mit Blumen und Blättern. Die Klöppel wird extra modelliert und gebacken. Ist die Glocke erkaltet, läßt sich das Glas entweder herausnehmen oder Sie zerschlagen es. Jetzt wird der Klöppel festgeklebt.

Man kann den Klöppel auch einfacher herstellen: Eine Perle wird an einem Faden befestigt und anschließend in der Glocke festgeklebt.

Einzelne **Blumen und Blüten** können als Tischdekoration oder aber auch auf einem Geschenk sehr gut aussehen.

Das gleiche gilt auch für die *Namensschildchen,* die als Tischkärtchen verwendet werden können. Geschenke mit solchen Namensschildchen verziert, überraschen jeden Empfänger.

Eine weitere Idee als Ersatz für ein Tischkärtchen sind die abgebildeten Anfangsbuchstaben, die aus dem ausgewellten Teig geschnitten und dann verziert werden.

Kindergeburtstagstisch

Eine große Überraschung erreichen Sie mit einem selbstgebastelten Geburtstagsring. Sie formen eine große Teigwurst, ∅ 3 - 4 cm, stellen eine Schüssel, die etwa die Größe des gewünschten Ringes hat, auf das Blech und legen die Teigwurst um die Schüssel und verbinden die Enden. Jetzt hat die Schüssel ihren Zweck erfüllt und kann entfernt werden. Sie haben einen schönen Ring, welcher nun etwas flach gedrückt wird. Teilen Sie die Anzahl der gewünschten Kerzen genau auf. Mit einer Geburtstagskerze drücken Sie die Vertiefungen ein. Um diese Kerze legen Sie ein kleines Teigwürstchen, damit ein höherer Rand erreicht wird und die Kerze einen besseren Halt bekommt. Dann entfernen Sie die Kerze. Mit ausgestochenen, ausgeschnittenen oder selbstmodellierten Figuren schmücken Sie diesen Ring. Der abgebildete Ring hat einen Durchmesser von 20 cm und ist für 12 Kerzen vorgesehen. Die Zahl 12 wurde aus dem ausgewellten Teig ausgeschnitten und verziert.

Die abgebildeten Tischkärtchen sind sehr einfach herzustellen: Auf die Grundplatte legen Sie ausgestochene Motive (kleine Gebäckausstechformen). Sie können auch selbst Blumenmotive und andere Verzierungen anbringen.

Tierkreiszeichen

Zu den besonderen persönlichen Geschenken zählen Tierkreiszeichen.

Auf einer Grundplatte, ca. 11 cm, modellieren Sie das gewünschte Tierkreiszeichen. Als Verzierung wurden hier am Rand mit einem Trinkhalm kleine Ringe eingeprägt.

Sportlermotive

Mit diesen Bildchen können Sie einem Sportler ein nettes Geschenk machen. Das kann auch ein Tenniskoffer sein, an den Sie ein Bildchen mit einem Tennisspieler anhängen.
Die Motive werden auf einer Grundplatte mit 11 cm ∅ modelliert. Das Foto zeigt nur wenige Vorschläge, die Sie zu weiteren Ideen anregen sollen.

Zum Muttertag

Strauß mit Herzen
Diese Herzen sind sehr einfach zu machen. Mit Ausstechformen oder selbstgefertigter Schablone werden Herzen ausgeschnitten oder ausgestochen. Stechen Sie mit einem Schaschlikspieß Löcher zum Aufhängen hinein. Nach dem Backen werden die Herzen bemalt, lackiert und zum Schluß rote Fäden durchgezogen. Schon ist ein Muttertagsgeschenk fertig.

Verschiedene Herzmotive
Legen Sie mit einer Teigwurst oder zwei gewundenen Teigwürsten ein Herz auf das Blech. Sie können nach Belieben die Herzen mit Blumen schmücken oder noch ein kleineres ausgestochenes Herz anbringen. Beim Bemalen können Sie den Untergrund natur belassen oder ganz grundieren. Mit kleinen Mustern oder Blümchen lassen sich die Herzen noch zusätzlich verschönern.

Runde Grundplatte mit Herzchen
Grundplatte mit 11 cm ∅ ausstechen. Drükken Sie ein ausgestochenes Herz leicht darauf und verzieren Sie es mit Röschen und Blättchen. Vergessen Sie nicht den Platz für die Beschriftung.

Blumenherz
Als Grundplatte wird hier wieder ein Herz ausgestochen. Ordnen Sie ein Blumenarrangement darauf an und gehen Sie so vor, als würden Sie einen Strauß stecken. Es fällt Ihnen mit Sicherheit immer noch etwas ein, womit Sie die Lücken füllen können.

Bemalte Herzen
Auch hier stechen Sie eine Herzform aus, die sie backen. Das Bemalen hat hier die größere Bedeutung. Hübsche Blumenbilder lassen sich mit ein paar Pinselstrichen zaubern.

Glücksbringer

Glücksbringer sind schöne Neujahrsgrüße, die zu Silvester besonderen Anklang finden werden. Als Mitbringsel oder auch als Tischdekoration sind sie gleichwohl geeignet.

Hufeisen
Formen Sie eine Teigwurst, ∅ 2 - 3 cm und 28 cm lang. Diese legen Sie in Hufeisenform auf das Backblech. In gleichmäßigen Abständen werden Nagellöcher eingedrückt. An den Enden setzen Sie kleine Teigplättchen als Hufeisenstollen auf. Mit Blumen und Blättern oder Kleeblättchen verziert, sehen die Hufeisen recht dekorativ aus.

Kaminfeger oder Glücksschweinchen
Auf einer Grundplatte von 11 cm ∅ wird ein kleiner Kaminfeger oder ein Schweinchen modelliert. Die Grundplatte kann auch hier mit Kleeblättchen o. ä. verziert werden.

Kleines Schweinchen
Dieses Schweinchen entstand aus einer Ausstechform. Zur Verzierung wurde ein vorher leicht angefeuchteter Glückspfennig eingedrückt und zusätzlich mit ein paar Blättchen verziert. Auf einem Päckchen oder auf einer Serviette als Tischdekoration erfreut es mit Sicherheit jedermann.

Basteln mit Kindern

Salzteig eignet sich ideal zum Basteln mit Kindern. Es bedarf keiner größeren Vorbereitung. Sie werden feststellen, wieviel Begeisterung, Freude und Phantasie die Kinder entwickeln. Ein verregneter Nachmittag kann auf diese Art für alle zu einem schönen Erlebnis werden.

Besondere Phantasie haben meine Kinder bei Gegenständen für den Kaufladen entwickelt. Hier entstanden Torten, Kuchen, Brote, Brötchen, Brezeln, Gebäckstückchen usw., aber auch Äpfel, Birnen, Bananen, Tomaten, Zitronen, Blumenkohl, Rettiche, Karotten und Kürbisse. Diese Basteleien lassen sich gut in Streichholzschachteln oder kleinen Körbchen unterbringen.

In Gemeinschaftsarbeit kann man auch große Bilder herstellen oder einzelne Motive ohne Grundplatte, die dann an der Wand zu einem Thema zusammengestellt werden, wie z. B. das Bild mit dem Hexchen, Baum und Katzen.

Größe: 33 x 27 cm, Backzeit 2 - 3 Stunden.

Große Wandbilder

(Hexenhäuschen, Bauernhof)

Für große Bilder braucht man Zeit und Geduld. Es macht sicher viel Spaß, diese Bilder auch als Gemeinschaftsarbeit zu erstellen, zusammen mit Kindern, Freunden und Bekannten. Jeder kann so seinen Beitrag an Ideen einbringen.

Zur Herstellung: Wellen Sie den Teig am besten gleich auf dem Blech aus, sonst verschiebt er sich beim Transportieren. Messen Sie die gewünschte Größe aus und schneiden Sie mit Hilfe eines Lineals die Platte mit einem scharfen Messer aus. Drücken Sie ein Teigwürstchen für den Rahmen leicht gegen die Grundplatte.

Motive auf verschiedenem Untergrund

Bemalte und unbemalte Holzbrettchen, Holzteller, Strohsterne, mit Jute (Sackstoff) bespannte Bilderrähmchen usw. können Ihnen als Grundlage dienen.

Bei dem bemalten Holzbrettchen und bei den Bilderrähmchen werden die Figuren einzeln auf das Blech modelliert und nach Fertigstellung auf den jeweiligen Untergrund aufgeklebt.

Das Trachtenpärchen auf dem Strohstern wurde nur mit einem Band befestigt.

Bilderrahmen:
12 x 18 cm (Mädchen)
12 x 8 cm (Wanderer)
Aufgeklebte Bilder:
∅ ca. 15 cm (Trachtenpärchen)

Bilder mit bemalter Grundplatte

Wer außer dem Modellieren auch noch gerne malt, kann diese Kunst hier sehr schön mit einflechten.
Bei diesen Bildern wurde die Landschaft durch das Bemalen ergänzt. Der Vordergrund ist modelliert, der Hintergrund gemalt.
Alle Bilder haben ein Teigrähmchen bekommen.
Schwäne 12 x 8 cm
Haus mit Baum 15 x 9 cm
Gänseliesel ∅ 11 cm
Mutter mit Kindern 22 x 13 cm

Salzteigmotive zum Verzieren von Blumenübertöpfen oder Gesteckschalen

Dieser Blumentopf wird von 8 Kindern umringt. Die Gesteckschale ist mit 4 Blumenmotiven verziert (Sonnenblume, Tulpe, Rose, Margerite). Es ist ratsam, Übertöpfe aus rauhem Material zu verwenden. Die Figuren halten dann besser darauf. Die Blumen und Figuren werden direkt auf dem Übertopf bzw. der Schale modelliert und zwar immer seitenweise. Beachten Sie hier bitte, daß der Untergrund immer leicht feucht ist; die Motive halten besser. Ist eine Seite fertig, wird der Topf in den Ofen gelegt bis die Motive festgebacken sind und sich nichts mehr verformen kann. Aber nur „legen“, denn sonst können die Figuren evtl. abrutschen. Dann kommt die nächste Seite, bis alle Seiten fertig sind. Die Bilder halten besser, wenn die Motive miteinander verbunden werden. Sollten sie sich nach dem Erkalten lösen, kleben Sie die Bilder ganz einfach wieder fest.
Wichtig ist hier, daß nach dem Bemalen die Bilder mit einem Klarlack geschützt werden.
Backzeit
im Backfortschritt jeweils ca. 20 Minuten
bei der letzten Seite ca. 45 - 60 Minuten
Temperatur anfangs 120°, dann 150 - 180°

Spiegel

Der Spiegel wird mit einem dicken Teigwulst eingerahmt und aufs Blech gelegt. Danach wird der Teigwulst flachgedrückt und in Form gebracht. Jetzt können Blumen, Vögel, Pärchen usw., alles was Ihnen gerade einfällt und gefällt, modelliert werden. Nach dem Backen wird auf die Rückseite eine dicke Pappe geklebt. Damit ist ein größerer Halt gewährleistet. Kleben Sie dann stabile Bilderaufhänger an. Sie können den Spiegel nach Belieben bemalen oder natur belassen. Der Rahmen muß auf alle Fälle mit Klarlack geschützt werden.

Bilderrahmen

Besonders gut zum Modellieren von Bilderrahmen eignen sich die dünnen Glasscheiben aus gekauften Bilderrahmen. Sollten diese nicht vorhanden sein, arbeiten Sie mit Hilfe einer Schablone. Der Rahmen wird direkt auf das Blech modelliert. Bei Verwendung einer Glasscheibe arbeiten Sie ähnlich wie bei der Herstellung des Spiegels. Das Glas wird mit einer dünnen Teigwurst eingerahmt. Jetzt können beliebige Motive angebracht werden (Blümchen, Verzierungen usw.).

Wenn Sie ohne Glasscheibe gearbeitet haben, trennen Sie nach dem Backen die Schablone von der Rückseite ab. Schneiden Sie passend zum Rahmen aus einer dicken Klarsichthülle eine Form, die Sie dann hinter den Rahmen kleben.

Die Fotos werden in beiden Fällen leicht am Rand hinter der Folie bzw. dem Glas festgeklebt.

Bilderrähmchen:
∅ 14 cm rund, 23 x 16 cm oval

Richtiges Aufbewahren – Reparieren

Das richtige Aufbewahren ist außerordentlich wichtig, wenn Sie an Ihren kleinen Kunstwerken lange Freude haben möchten. Salzteigbilder oder -figuren dürfen auf keinen Fall an einem feuchten Ort aufgestellt bzw. an feuchte Wände aufgehängt werden. Da Salz die Feuchtigkeit aufnimmt, würden die Bilder weich werden und sich verformen oder von der Wand fallen. Im Zweifelsfalle kann man die Bilder auf der Rückseite mit einem Filz bekleben oder auch lackieren. Sollten sie dennoch mal weich geworden sein, kann man sie nochmals bei geringer Temperatur backen. Das gleiche gilt für abgebrochene oder vergessene Teile, die anmodelliert werden. Hier empfiehlt es sich, dieses Teil leicht anzufeuchten, damit es auch sicher hält. Ist das Bild dann vollständig, kommt es in den Ofen und wird bei ca. 120 °C je nach Stärke ca. ½ Std. gebacken.
Sollte einmal ein Bild in Brüche gehen oder ein Teil abbrechen, kann alles wieder mit Alleskleber (z.B. Pritt Klebe-Creme) geklebt werden. Die Bruchstellen werden mit Pinsel und Farben ausgebessert; sie sind dann kaum noch sichtbar.

ISBN 3-7724-0538-X
Best.-Nr. 793

 16. Auflage 1983

frech-verlag
GmbH + Co. Druck KG Stuttgart

Druck: Frech Stuttgart